Aprenda Direito Tributário

Resumo Direito Tributário 1

Eduardo Lima Barros

Copyright © 2023 Eduardo Lima Barros

Todos os direitos reservados.

ISBN: 9798386822866

DEDICATÓRIA

Esse livro é dedicado à minha família especialmente minha esposa e meu filho.

CONTEÚDO

1. Primeira parte — Base 2
2. Segunda parte — Tributos em espécie 4
3. Terceira parte — Sistema constitucional Tributário 7
4. Referências 11
5. Sobre o autor 13

1 PRIMEIRA PARTE — BASE

Objeto de estudo: Relação fisco-contribuinte.
Relação obrigacional: Dar, fazer, não fazer.
Vínculo jurídico: Lei

No Brasil, tributo é uma obrigação imposta pelo Estado a pessoas físicas e jurídicas para arrecadação de recursos destinados a financiar atividades públicas. São exemplos de tributos no Brasil: impostos, taxas e contribuições de melhoria.

Os impostos são tributos de competência da União, Estados e Municípios, que incidem sobre renda, patrimônio, consumo, entre outros. As taxas são tributos cobrados pelo exercício do poder de polícia ou pela utilização de serviços públicos específicos. As contribuições de melhoria são tributos cobrados em razão de valorização imobiliária decorrente de obras públicas.

É importante destacar que o sistema tributário brasileiro é bastante complexo e apresenta diversas particularidades, como a existência de impostos com características distintas em cada esfera de governo e regimes especiais de tributação para determinados setores da economia.

Além disso, o não cumprimento das obrigações tributárias pode resultar em sanções graves, como multas, juros e até mesmo penhora de bens. Por isso, é fundamental compreender as bases do sistema tributário brasileiro e estar em dia com as obrigações fiscais.

Vamos começar pelas bases.

O Direito tributário tem seu próprio sistema autônomo, podendo se comunicar com outras áreas. Arts. 145 e 162 CF/88.

Tributo — conceito, funções, espécies:
Art. 3.º CTN — Definição.

Tributo é:

a) **toda prestação pecuniário/** em dinheiro

b) **compulsória**/ ausência de elemento de vontade.
c) **Em moeda ou cujo valor nela se possa exprimir**/ não existe pagamento de tributo in natura (por meio de produtos) ou in labore (por meio de serviços).
d) **Que não se constitua sanção de ato ilícito**/ multa não é tributo.
e) **Instituída em lei**/ legalidade — Só lei ordinária institui tributo, exceto os casos previstos na CF/88 em que se exige lei complementar — arts. 62, §2 CF/88 (em regra)
f) **Cobrada**... / atividade administrativa plenamente vinculada/ a administração não pode atuar com juízo pessoal

Funções do tributo:

I. Fiscal — "Criar receita", arrecadação.
II. Extrafiscal — exemplo — preocupação com saúde pública. Não arrecadatória.
III. Parafiscal — Contribuições especiais. Art. 149 CF/88.

A função fiscal dos tributos é a principal, e consiste na arrecadação de recursos para o Estado, a fim de financiar as atividades públicas e garantir o cumprimento das obrigações do Estado para com a sociedade. Por meio dos tributos, o Estado obtém recursos para investir em áreas como saúde, educação, segurança, infraestrutura, entre outras.

Já a função parafiscal dos tributos é aquela em que a arrecadação é destinada a entidades e fundos específicos, como a Seguridade Social, o Fundo de Amparo ao Trabalhador (FAT) e o Fundo Nacional de Desenvolvimento Científico e Tecnológico (FNDCT), por exemplo. Esses recursos são utilizados para financiar atividades específicas, como aposentadorias, seguro-desemprego e investimentos em pesquisa e desenvolvimento.

Por fim, a função extrafiscal dos tributos é aquela em que a arrecadação é utilizada para regular a economia e incentivar ou desestimular determinadas atividades. Nesse caso, os tributos são utilizados como instrumentos de política econômica para incentivar a produção de determinados setores, desestimular o consumo de produtos nocivos à saúde ou ao meio ambiente, entre outros objetivos.

Espécies de tributos:

- Impostos — art. 16, CTN, 145, I, 153, 155 e 156 CF/88.
- Taxa — art. 145, II, CF/88, art. 77 a 80 CTN
- Contribuição de melhoria: art. 145, I, CF/88, art. 81 – 82, CTN
- Empréstimos compulsórios — art. 148 CF/88
- Contribuições especiais — art. 149,149A, 195 CF/88 (parafiscal).

Todas as espécies têm contrapartida do poder político/estatal, exceto imposto.

2 SEGUNDA PARTE — TRIBUTOS EM ESPÉCIE

- **Impostos:**

O imposto é uma das modalidades de tributos previstas no ordenamento jurídico brasileiro. Diferentemente de outros tributos, como as taxas e as contribuições de melhoria, o imposto não está vinculado a uma atuação estatal específica ou a uma prestação de serviço ao contribuinte. Ou seja, o imposto é uma prestação pecuniária sem qualquer relação de troca ou utilidade direta para o contribuinte.

No entanto, os impostos têm uma importante função na sociedade: arrecadar recursos para o Estado, a fim de financiar as atividades públicas e garantir o cumprimento das obrigações do Estado para com a sociedade. Por essa razão, os impostos são considerados uma das principais fontes de receita do Estado.

O imposto tem sempre por hipótese de incidência um comportamento do contribuinte que se presume riqueza ou expressão econômica. Ou seja, o imposto incide sobre uma manifestação de capacidade econômica do contribuinte, como a aquisição de bens, a obtenção de renda ou a realização de atividades econômicas.

Essa característica está ligada ao princípio da capacidade contributiva, que é um dos princípios fundamentais do sistema tributário brasileiro e atende ao princípio da igualdade.

- **Taxas:**

A taxa é uma obrigação legal que advém de uma prestação estatal específica referida ao contribuinte, independentemente de sua vontade e de beneficiá-lo ou não. Essa atividade da Administração Pública será regida por lei.

A atividade estatal que enseja a instituição e exigência das taxas é a prestação de serviço público ou o exercício do poder de polícia (fiscalização).

Serviços essenciais não podem ser taxados apenas tributados.

- **Contribuição de melhoria:**

Decorre de obra pública que proporcione uma valorização imobiliária. A lei que cria deve:

I. Identificar a área que será valorizada
II. Mostrar a valorização individual dos imóveis
III. Chamamento dos proprietários para anuírem com a valorização exposta.
IV. Criar processo administrativo que proporcione a contestação de cada proprietário. Após todos os P.A finalizarem é que a lei entrará em vigor.
V. Restringir a arrecadação ao valor total da obra.
VI. Cobrar individualmente até o teto da valorização causada no imóvel.

- **Empréstimos compulsórios:**

Só podem ser criados pela união. Art. 15 CTN. Trata-se de um empréstimo decorrente do poder do estado, forçadamente.

Apenas nos seguintes casos excepcionais:

I — guerra externa, ou sua iminência;
II — calamidade pública que exija auxílio federal impossível de atender com os recursos orçamentários disponíveis;
III — conjuntura que exija a absorção temporária de poder aquisitivo.

A lei que cria — Lei complementar, deve expressar como será o retorno do dinheiro para o particular.

Eles são uma forma de o Estado arrecadar recursos de forma temporária, mediante a cobrança de um tributo que será devolvido ao contribuinte em determinado momento. A lei que cria o empréstimo compulsório deve especificar como será feita a devolução do dinheiro, e a sua arrecadação deve estar vinculada à finalidade para a qual foi criado. Além disso, é importante ressaltar que a criação de empréstimos compulsórios exige a observância de critérios específicos, como a necessidade da medida, a proporcionalidade da tributação e a temporalidade da arrecadação.

- **Contribuições especiais:**

As contribuições especiais são tributos criados pela União, estados, Distrito Federal e municípios, com a finalidade específica de arrecadar recursos para financiar atividades ou serviços de interesse coletivo. **Ao contrário dos impostos, que têm como fato gerador uma situação genérica prevista em lei, as contribuições especiais são criadas a partir da finalidade a que se destinam.**

Sociais — Usadas para financiar serviços sociais como educação, saúde, moradia, seguridade social.

Dentre as contribuições especiais existentes, destacam-se as contribuições **sociais,** que têm como objetivo principal financiar a seguridade social, composta pela saúde, previdência e assistência social. Essas contribuições são de competência exclusiva da União e têm como finalidade garantir a proteção social aos cidadãos.

As contribuições sociais são importantes fontes de financiamento para a seguridade social, permitindo a manutenção de programas sociais, como o Sistema Único de Saúde (SUS), o Instituto Nacional do Seguro Social (INSS) e o Fundo de Amparo ao Trabalhador (FAT).

Além disso, essas contribuições têm um caráter solidário, pois permitem a redistribuição de recursos e o atendimento às necessidades daqueles que não têm condições de arcar com seus próprios custos de saúde e previdência social.

Intervenção no domínio econômico — Como as CIDES — Contribuições de intervenção no domínio econômico.

As Contribuições de Intervenção no Domínio Econômico (CIDEs) são um tipo de contribuição especial previsto na Constituição Federal, de competência da União, com a finalidade de regular a intervenção do Estado na economia. Essas contribuições são criadas para arrecadar recursos destinados a investimentos em áreas específicas da economia, visando promover o desenvolvimento e a competitividade.

As CIDEs são tributos que incidem sobre a importação e comercialização de produtos específicos, como o petróleo, gás natural, combustíveis e derivados. Esses produtos são considerados estratégicos para a economia nacional, e a arrecadação das CIDEs é destinada a financiar programas de investimento nesses setores.

A criação das CIDEs é regulamentada por lei específica, que deve estabelecer as condições de sua cobrança e destinação dos recursos. Além disso, a criação dessas contribuições está sujeita à observância de alguns princípios, como a legalidade, a isonomia e a capacidade contributiva.

As CIDEs são importantes instrumentos de intervenção do Estado na economia, permitindo a arrecadação de recursos para investimentos em áreas estratégicas, contribuindo para o desenvolvimento e a competitividade do país.

Interesse de categoria profissional ou econômica — Contribuições efetuadas para categorias profissionais.

As contribuições especiais sobre interesse de categoria profissional ou econômica são aquelas que têm como finalidade o custeio de atividades específicas de determinadas categorias, tais como conselhos de classe, sindicatos e associações. Essas contribuições são regulamentadas pelo artigo 149 da Constituição Federal e pelo artigo 8º do CTN.

Dentre essas contribuições, encontram-se as contribuições para o Conselho Regional de Engenharia e Agronomia (CREA) e para o Conselho Regional de Medicina (CRM), por exemplo. É importante destacar que a Ordem dos Advogados do Brasil (OAB) é uma entidade sui generis, ou seja, não se enquadra na categoria de categoria profissional ou econômica. Segundo o STF, a contribuição feita para a OAB tem como finalidade garantir a sua independência frente ao Estado.

Nesse sentido, é importante destacar que, para que essas contribuições sejam válidas, é necessário que a finalidade a que se destinam seja específica e que haja previsão legal para sua criação.

3 TERCEIRA PARTE — SISTEMA CONSTITUCIONAL TRIBUTÁRIO

O estado tem o Poder/dever de tributar.

O poder de tributar é uma das mais importantes prerrogativas do Estado moderno, pois por meio dele é possível arrecadar os recursos necessários para a manutenção dos serviços públicos e das atividades governamentais. No entanto, esse poder deve ser exercido dentro de certos limites impostos pela evolução do direito tributário ao longo da história.

O Estado tem o poder/dever de tributar, mas esse poder não é absoluto. A Constituição Federal, por exemplo, estabelece diversas limitações ao poder de tributar, como o princípio da legalidade, da anterioridade, da capacidade contributiva, da isonomia, da vedação ao confisco, entre outros. Além disso, a jurisprudência e a doutrina tributária vêm desenvolvendo limites adicionais ao poder de tributar.

Ao longo da história, a evolução do direito tributário vem trazendo limitações cada vez mais rígidas ao poder de tributar do Estado. No início, o tributo era visto apenas como uma obrigação imposta pelo soberano, sem qualquer limite além da própria vontade do governante. Com o passar do tempo, surgiram os primeiros limites ao poder de tributar, como a necessidade de prévia autorização do Parlamento para a instituição de novos tributos.

A partir do século XIX, surgiram os primeiros princípios tributários, como o da legalidade e o da capacidade contributiva, que passaram a limitar o poder de tributar do Estado de forma mais estrita. Mais recentemente, surgiram outros limites, como a vedação ao confisco, a proibição de tributação de exportações, entre outros.

Assim, o poder de tributar do Estado é uma importante ferramenta para a arrecadação de recursos públicos, mas deve ser exercido dentro dos limites estabelecidos pela Constituição e pelo direito tributário em geral. A evolução histórica do direito tributário tem sido no sentido de tornar cada vez mais rígidos esses limites, garantindo que o Estado não exerça seu poder de tributar de forma abusiva ou arbitrária.

A CF/88 não cria nenhum tributo, mas delega poderes para a criação e impõe limitações aos entes criadores, são elas fundamentalmente:

1. Competências tributárias (distribuição)
2. Princípios constitucionais
3. Imunidades tributárias

Esses pontos constroem o código de defesa do contribuinte.

1. Competências tributárias

A Constituição Federal estabelece a distribuição das competências tributárias entre as três esferas de governo: União, Estados e Municípios. A competência tributária é a atribuição dada pela Constituição para que cada ente federativo possa instituir e arrecadar tributos.

A União tem competência privativa para instituir impostos sobre importação, exportação, produtos industrializados, renda e proventos de qualquer natureza, além de contribuições sociais e de intervenção no domínio econômico.

Já aos Estados, cabe instituir impostos sobre transmissão causa mortis e doação de quaisquer bens e direitos, sobre operações relativas à circulação de mercadorias e sobre propriedade de veículos automotores. Além disso, podem instituir contribuições de melhoria e taxas.

Por fim, aos Municípios compete instituir impostos sobre a propriedade predial e territorial urbana, sobre serviços de qualquer natureza, sobre transmissão inter vivos, a qualquer título, por ato oneroso, de bens imóveis, e sobre a circulação de mercadorias e serviços de transporte interestadual e intermunicipal e de comunicação. Também podem instituir taxas e contribuições de melhoria.

Vale lembrar que, além das competências tributárias previstas na Constituição Federal, há outras normas que regulamentam a distribuição das competências tributárias, como as leis complementares e os convênios celebrados entre os entes federativos. A correta aplicação dessas normas é essencial para garantir a eficiência e a justiça do sistema tributário brasileiro.

2. **Princípios constitucionais tributários:**

    a) Legalidade: Art. 150, CF/88. Art. 3º CTN. Funda o subprincípio da tipicidade tributária. — Tributo é criado por lei, assim como basicamente tudo no direito, seguindo as regras de legalidade da introdução às normas do direito brasileiro e art. 5º II, CF/88. Isso significa que o Estado não pode cobrar impostos sem uma autorização expressa da lei.

    b) Igualdade: Art. 150, II. Funda o subprincípio da capacidade contributiva — Art. 145, §1º. O tributo incidirá diferentemente entre os desiguais. Quem ganha muito, mas tem gastos altos, quem ganha pouco, mas tem poucos gastos isentos.

    c) Finalidade: Os tributos devem ser utilizados para fins públicos, ou seja, para o bem-estar da sociedade na totalidade. Eles não podem ser utilizados para fins privados, como o lucro ou o enriquecimento de indivíduos, ou empresas.

    d) Anterioridade: Este princípio estabelece que o tributo deve ser cobrado a partir do início do exercício financeiro para o qual ele foi criado. Isso significa que o Estado não pode retroagir a cobrança de impostos, exceto em casos específicos previstos em lei.

    e) Isonomia: Todos os contribuintes devem ser tratados de forma igualitária e não podem ser favorecidos ou prejudicados sem justificativa. Isso significa que o Estado não pode criar distinções entre contribuintes sem motivo justo e razoável.

    f) Capacidade contributiva: Este princípio estabelece que os tributos devem ser cobrados conforme a capacidade econômica do contribuinte. Isso significa que aqueles que têm mais recursos devem pagar mais impostos do que aqueles que têm menos recursos.

g) Não-confisco: Os tributos não podem ter o efeito de confiscar o patrimônio dos contribuintes. Isso significa que o Estado não pode cobrar tributos em quantidades excessivas, prejudicando o bem-estar dos contribuintes.

h) Anualidade: Este princípio estabelece que os tributos devem ser cobrados anualmente, exceto em casos específicos previstos em lei. Isso significa que a cobrança de tributos deve ser feita de forma periódica e regular.

i) Supremacia do interesse público: Este princípio estabelece que o interesse público deve ser sempre considerado acima dos interesses particulares na cobrança e fiscalização dos tributos. Isso significa que o Estado deve sempre buscar o bem-estar da sociedade toda, mesmo que isso signifique prejudicar interesses individuais.

j) Segurança jurídica: Este princípio estabelece que os contribuintes devem ter a certeza e previsibilidade quanto às obrigações tributárias e aos seus direitos. Isso significa que o Estado deve assegurar que as leis tributárias sejam claras e aplicáveis de forma uniforme, sem incertezas ou ambiguidades.

k) Presunção de inocência: Este princípio estabelece que o contribuinte é considerado inocente até que se prove o contrário. Isso significa que o Estado deve provar a existência de fraude ou evasão fiscal antes de aplicar sanções, ou cobrar multas ao contribuinte.

Estes princípios do direito tributário brasileiro servem como guias para o desenvolvimento da legislação tributária e para a cobrança de impostos de forma justa e equilibrada. Eles asseguram que o Estado cobre os tributos de forma adequada e que os contribuintes tenham seus direitos respeitados.

O que dizem os principais autores sobre o tema:

Carlos Maximiliano: Para ele, os princípios do direito tributário são regras gerais que servem de orientação para o desenvolvimento da legislação tributária e para a interpretação e aplicação das leis.

Abelardo Jurema Filho: Ele destaca a importância dos princípios de isonomia, legalidade, finalidade social e capacidade contributiva para o desenvolvimento do direito tributário.

Vicente Paulo: Segundo ele, os princípios do direito tributário são as normas que regulam a relação entre o Estado e o contribuinte, e que devem ser observados na cobrança dos impostos.

Gustavo Binenbojm: Para ele, os princípios do direito tributário são os pilares da justiça fiscal e devem ser aplicados de forma a garantir a igualdade e a equidade na cobrança dos tributos.

O que diz a jurisprudência brasileira sobre o tema?

A jurisprudência brasileira tem papel fundamental na interpretação e aplicação dos princípios do direito tributário. A jurisprudência é formada pelos julgados dos tribunais superiores, como o Superior Tribunal de Justiça (STJ) e o Supremo Tribunal Federal (STF), que fornecem aos contribuintes e ao Estado orientações e diretrizes sobre o assunto.

Conforme a jurisprudência brasileira, os princípios do direito tributário são fundamentais para garantir a legalidade e a justiça na cobrança dos impostos. A jurisprudência destaca a importância dos princípios de isonomia, legalidade, finalidade social e capacidade contributiva, entre outros, e tem aplicado esses princípios de forma coerente e equilibrada na resolução de conflitos envolvendo questões tributárias.

A jurisprudência também afirma que a aplicação dos princípios do direito tributário deve considerar as circunstâncias específicas de cada caso, e que a interpretação dessas normas deve ser realizada para garantir a segurança jurídica e a presunção de inocência. Veja alguns exemplos.

Isonomia: Em um julgamento do Superior Tribunal de Justiça (STJ), a corte afirmou que o princípio da isonomia deve ser aplicado na cobrança de impostos, garantindo que todos os contribuintes estejam submetidos às mesmas regras e obrigações.

Legalidade: Em outro julgamento do STJ, a corte afirmou que a cobrança de impostos deve ser feita conforme a lei, e que o contribuinte só pode ser obrigado a pagar tributos previstos em lei.

Finalidade social: Em um julgamento do Supremo Tribunal Federal (STF), a corte afirmou que a cobrança de impostos deve ser realizada com a finalidade de financiar as atividades do Estado e de atender às necessidades sociais.

Capacidade contributiva: Em outro julgamento do STF, a corte afirmou que a cobrança de impostos deve ser realizada conforme a capacidade econômica do contribuinte, garantindo que as cargas tributárias não sejam excessivas ou desproporcionais.

Esses são apenas alguns exemplos de como a jurisprudência brasileira aplica os princípios do direito tributário na resolução de questões tributárias. É importante destacar que esses julgados são referências para a interpretação e aplicação dos princípios do direito tributário em futuros casos.

3. Imunidades tributárias

As imunidades tributárias são limitações ao poder de tributar que visam proteger certas atividades, bens ou pessoas da incidência de tributos. Elas estão previstas na Constituição Federal e são consideradas cláusulas pétreas, ou seja, não podem ser alteradas nem mesmo por meio de emendas constitucionais.

As imunidades tributárias podem ser classificadas em duas categorias: as objetivas e as subjetivas. As imunidades objetivas são aquelas que incidem sobre determinados bens ou atividades, como templos de qualquer culto, livros, jornais e periódicos, entre outros. Já as imunidades subjetivas protegem determinadas pessoas ou entidades, como os partidos políticos, as entidades sindicais e as instituições de educação e assistência social.

As imunidades tributárias visam garantir a efetivação de direitos fundamentais, como a liberdade religiosa, a liberdade de imprensa, o direito à educação e o direito à associação. Além disso, elas têm um papel importante na preservação do equilíbrio federativo, pois garantem que determinados bens e atividades sejam protegidos em todo o território nacional.

Porém, é importante destacar que as imunidades tributárias não são absolutas e podem ser objeto de interpretações divergentes. Além disso, há situações em que a imunidade é questionada ou até mesmo revogada, como no caso de abuso ou desvio de finalidade por parte das entidades imunes. Por isso, é fundamental que as imunidades tributárias sejam aplicadas de forma responsável e em conformidade com os princípios constitucionais.

O que dizem as cortes superiors sobre o tema?

Sobre a imunidade tributária de livros, jornais e periódicos, o Supremo Tribunal Federal (STF) já afirmou que "o papel desses produtos culturais é tão relevante para a formação da consciência crítica e reflexiva da população que, sem eles, não há democracia nem liberdade de expressão" (RE 330817/SC). Além disso, o STF também já decidiu que "a imunidade em questão deve ser entendida de maneira ampla, abrangendo todas as etapas da produção e da circulação do livro" (RE 596478/RS).

Sobre a imunidade tributária de entidades religiosas, o Superior Tribunal de Justiça (STJ) já afirmou que "a imunidade tributária concedida aos templos de qualquer culto não se restringe ao imóvel em que se situam as atividades-fim da entidade religiosa, alcançando todos os bens que lhes pertencem, seja qual for a finalidade ou o uso a que se destinem" (REsp 1746432/SP).

Sobre a imunidade tributária de instituições de educação e assistência social, o STJ já afirmou que "a exigência de contrapartida ou de requisitos excessivos para o gozo da imunidade tributária, ou a limitação desta a certas atividades, importa em ofensa ao art. 150, VI, c, da Constituição Federal" (REsp 1537258/RS).

Esses são apenas alguns exemplos de como as cortes superiores interpretam e aplicam as imunidades tributárias previstas na Constituição Federal. É importante ressaltar que cada caso deve ser analisado de forma específica e que a jurisprudência pode evoluir ao longo do tempo.

4 REFERÊNCIAS

MAXIMILIANO, Carlos. Hermenêutica e aplicação do direito. 23. ed. Rio de Janeiro: Forense, 2013.

JUREMA FILHO, Abelardo. Curso de direito tributário. 5. ed. São Paulo: Atlas, 2014.

PAULO, Vicente; ALEXANDRE, Ricardo. Manual de direito tributário. 12. ed. São Paulo: Saraiva, 2020.

BINENBOJM, Gustavo. Curso de direito tributário. 17. ed. São Paulo: Saraiva Educação, 2021.

BRASIL. Supremo Tribunal Federal. RE 574.706/PR, rel. Min. Marco Aurélio, Plenário, julgado em 15/03/2017, DJe-202 de 24/04/2017. Disponível em: http://portal.stf.jus.br/processos/downloadPeca.asp?id=14701383814&ext=.pdf. Acesso em: 12 mar. 2023.

BRASIL. Superior Tribunal de Justiça. AgRg no REsp 1.421.731/MG, rel. Min. Herman Benjamin, Segunda Turma, julgado em 23/06/2015, DJe 30/06/2015. Disponível em: https://ww2.stj.jus.br/processo/revista/documento/mediado/?componente=ITA&sequencial=47763956&num_registro=201302587282&data=20150710&formato=PDF. Acesso em: 12 mar. 2023.

BRASIL. Tribunal Regional Federal da 3ª Região. Apelação Cível 0016155-50.2010.4.03.6183/SP, rel. Des. Fed. Peixoto Júnior, Sexta Turma, julgado em 12/03/2018. Disponível em:

https://esaj.tjsp.jus.br/cjpg/pagina/listarProcessoPecas.do?nuProcesso=2000822-97.2022.8.26.0000&cdForo=667&cdSiglaUF=SP&cdSiglaTribunal=JTR. Acesso em: 12 mar. 2023.

SOBRE O AUTOR

Eduardo Lima Barros, é um renomado advogado especializado em tributação e proteção de dados, com vasta experiência na área. Sua paixão por ajudar as pessoas o levou a dedicar boa parte de sua vida ao trabalho social, atuando como professor e mentor de jovens em temas como música e espiritualidade.

Sua carreira de sucesso e sua trajetória inspiradora o levaram a fundar sua própria empresa, focada em ajudar jovens empreendedores a alcançar seus objetivos por meio de estudos aprofundados e cientificamente comprovados sobre técnicas de produtividade e foco. Com sua vasta experiência em diversas áreas.

www.ingramcontent.com/pod-product-compliance
Lightning Source LLC
Chambersburg PA
CBHW031532210526
45464CB00015B/1376